LE THÉ

EST-IL

PLUS NUISIBLE QU'UTILE?

LE THÉ
EST-IL
PLUS NUISIBLE QU'UTILE?
OU
HISTOIRE ANALYTIQUE
DE CETTE PLANTE,
ET MOYENS DE LA REMPLACER AVEC AVANTAGE.

PAR C.-L. CADET.

PHARMACIEN ORDINAIRE DE L'EMPEREUR ET ROI,

Membre de la Société de Médecine du département de la Seine, de la Société médicale d'Emulation, du Conseil de salubrité de la ville de Paris, de l'Académie de Turin, des Sociétés de Bruxelles, Lyon, Florence, etc., etc.

A PARIS,

CHEZ D. COLAS, IMPRIMEUR-LIBRAIRE,
Rue du Vieux-Colombier, N° 26;
DELAUNAY, Libraire, Palais du Tribunat.

1808.

OBSERVATIONS
SUR LE THÉ.

Si l'on en croit les voyageurs et les historiens, l'usage du thé qui remonte en Chine et au Japon, à une haute antiquité, ne fut adopté en France qu'en 1634. Il paraît que les Anglais le connaissaient avant nous. Cette plante fut sans doute indiquée d'abord comme spécifique, et son infusion, que le sucre rend assez agréable, ne devint que long-tems après une boisson usuelle.

Que des plantes nourrissantes, comme les céréales; que des fruits savoureux ou des liqueurs enivrantes soient devenus l'objet des soins de presque tous les peuples, cela se conçoit aisément, puisque ces produits satisfont leurs premiers besoins; mais que l'infusion presque fade d'une plante étrangère soit devenue la boisson préférée d'une nation policée; que l'Europe entière ait porté son or au cupide Chinois pour obtenir les moyens de préparer cette tisanne que l'on rejetterait si le thé était indigène; que l'Europe envoie pour cela dans l'Inde plus de 50 millions par an, sans qu'aucune parcelle de cet or repasse dans notre commerce (1); qu'un impôt mis sur le thé arme les Américains, les rende indépendans, et soit la cause des combats qui ont fondé les Etats-Unis; voilà ce qui doit étonner l'homme qui connaît le mieux les bizarreries humaines. Mais ces résultats surprenans d'un goût inexplicable doivent nous engager à examiner le thé sous les rapports de l'histoire naturelle, de l'hygiène, et de sa nature chimique.

---

(1) *Raynal* va bien plus loin. «En 1766, dit-il, il a été » exporté de la Chine et du Japon six millions pesant de » thé par les Anglais, 4 millions 500 mille livres par les » Hollandais, 2 millions 400 mille livres par les Suédois, » autant par les Danois, et 2 millions 100 mille livres par » les Français. Total, 17 millions 400 mille livres. Mais » comme les Anglais consomment environ 12 millions de » thé par an, et que le prix commun de ce comestible est » de 6 fr., il faut donc pour cet objet 72 millions de dépense » par an.»

HISTOIRE NATURELLE DU THÉ.

Avant que nos Botanistes eussent parcouru l'Asie méridionale, on croyait qu'il y avait autant d'espèces de thé qu'il y en a de variétés dans le commerce; mais on sait aujourd'hui que toutes les sortes de thé que l'on vend en Europe viennent du même arbrisseau *thea viridis*, que *Linné* a placé dans sa Polyandrie monogynie, et *Ventenat* dans la famille des *hespéridées* (1).

Son nom vient de celui de *theh* que lui donnent les Chinois, ou de *tsjaa*, que lui donnent les Japonais.

---

(1) *Thea*, arbrisseau. Fleurs solitaires, axillaires, calice persistant, 5-6 par tête, pétales 5-6, étamines nombreuses; stigmates 3, capsule coriace, tantôt simplement globuleuse, tantôt formée de 2-3 lobes adhérens, 3 loculaires, 3 valves; loges oligospermes (monospermes dans la maturité); semences globuleuses-anguleuses, recouvertes d'une tunique dure et solide, insérées à l'angle central des loges.

Linné reconnaît une seconde espèce de thé qu'il appelle *thea bohea* (thé-bout); mais *Cels* et *Jussieu* ne le regardent que comme une variété du thé verd (2).

Loureiro admet trois variétés qu'on peut ajouter à celle-ci.

La première est le thé de la Cochinchine.

La deuxième, le thé de Canton, nommé *su-choug* dans le commerce.

La troisième, le thé à l'huile, parce que ses semences exprimées fournissent une grande quantité d'huile jaunâtre qu'on brûle dans le midi de la Chine.

Dans la province de Fokien les Chinois emploient cette huile en aliment; et dans les peintures siccatives.

Ces variétés diffèrent par le calice de la fleur, le nombre des pétales et la disposition des feuilles.

C'est la feuille seule que l'on conserve pour nos usages domestiques : cette feuille

---

(2) M. *Desfontaines* est du même avis, ainsi que le botaniste *Lettson*.

ne s'emploie pas telle que la nature la donne; son usage serait dangereux, et *Kœmpfer*, qui a le mieux décrit cette production, assure (*Amœn. exot.*, pag. 606) que le thé frais pris en forte infusion donne des vertiges, des convulsions nerveuses. On lui fait donc subir une dessication complète et une légère torréfaction. C'est dans le degré de cette préparation, dans l'âge de la plante, dans la saison où elle a été récoltée, dans le sol où elle a été cultivée, qu'il faut chercher les causes des légères différences que présentent les dix sortes de thé qu'on trouve chez les marchands et dont voici les noms :

1. Thé impérial.
2. Thé perlé.
3. Thé Heysven supérieur (1).
4. Thé Heysven sekin.
5. Thé-bout, ou bouhi
6. Thé pekò.

---

(1) *Heysven* est le nom du marchand indien qui l'apporta le premier en Europe.

7. Thé saot-chaou.
8. Thé pouchoug.
9. Thé toukai.
10. Thé vert.

Le thé impérial porte au Japon plusieurs noms qu'on ne lui conserve pas en Europe, savoir :

Ticki ou Tiki Tsjaa, Too Tsjaa, Bau-Tsjaa.
Dusdsi Tsjaa, Tacké-Sacki Tsjaa.

Les trois premiers noms expriment les qualités de ce thé, supérieur, bonne et médiocre ; les deux derniers sont ceux des lieux où il croît.

Le thé impérial est quelquefois désigné par le mot *poudre à canon*, parce qu'il est d'usage à la cour de l'empereur de prendre ce thé en poudre délayé dans l'eau chaude.

L'arbrisseau qui donne le thé est toujours verd, il croît à la hauteur de six à sept pieds, dans les plaines basses, sur les collines et les revers des montagnes où règne une température douce ; les terres siliceuses ou purement argileuses ne lui conviennent pas. On le cultive au nord comme au midi de la Chine, ce qui a fait penser qu'on pouvait très-bien l'acclimater en Europe, sur-tout dans les provinces méridionales de la France. Les Anglais en ont quelques pieds en espalier, et même cet arbrisseau a fleuri dans les jardins du duc de *Northumberland. Linné* qui en avait reçu un pied en Suède, espérait l'y multiplier.

On fait la récolte du thé à deux ou trois époques, selon que les pays sont plus ou moins précoces, c'est-à-dire, à la fin de Février, de Mars et d'Avril. On ceuille d'abord les plus petites feuilles ; ce sont les plus précieuses : les plus grandes font le thé commun.

C'est donc principalement sur l'âge des feuilles que se fonde le prix des différentes espèces ; mais le climat établit aussi quelques distinctions. Il est inutile d'entrer dans le détail de la culture de cet arbrisseau.

Thumberg et *Kœmpfer* dans leurs Voyages, *Fougeroux de Bondaroy*, dans son Mémoire (1) ne laissent rien à désirer dans cette partie de l'histoire du thé ; mais il est utile de rappeler la méthode de dessication employée par les Japonais et les Chinois.

---

(1) Collect. de l'Académie des Sciences, 1773.

PRÉPARATION DU THÉ.

Lorsqu'on a cueilli le thé feuille à feuille avec le plus grand soin, la plus grande propreté, on le place sur une platine de fer ou de cuivre, chauffée préalablement dans un four; on le remue sans cesse avec la main, jusqu'à ce que la chaleur ait été répartie également. Pendant cette demi-cuisson, il sort des feuilles un suc verdâtre qui coule sur la platine : alors on répand le thé sur une natte et on le roule avec la paume de la main jusqu'à ce que les feuilles paraissent frisées ; ensuite on les replace sur la platine qui a été lavée à l'eau bouillante, séchée et remise au four. On répète cette opération plusieurs fois, en diminuant graduellement le feu jusqu'à ce que le thé soit entièrement privé d'humidité ; alors on l'enferme dans de grands vases de porcelaine ou dans des boîtes d'étain : cette méthode est celle des Japonais. Les Chinois, avant de torréfier le thé, le passent pendant quelques minutes dans l'eau bouillante et le font sécher ensuite ; cette première infusion lui enlève, selon eux, le suc âcre et narcotique qui rend l'usage du thé frais si malfaisant.

Les ouvriers qui préparent le thé pour l'empereur mettent dans leur manipulation la plus grande patience et la plus scrupuleuse recherche. Ils remuent le thé sur les platines jusqu'à se brûler les mains ; ils ont grand soin de terminer leur opération dans un seul jour, pour que les feuilles ne noircissent pas ; ils les passent sur la platine chaude six ou sept fois, afin de sécher promptement le thé sans le laisser exposé à une trop grande chaleur. C'est ainsi qu'ils conservent sa belle couleur verte. Quand le thé est sec ils font un triage des feuilles qui leur paraissent de qualité supérieure.

Les gens de la campagne y mettent moins d'apprêt ; ils font tout simplement rôtir leur thé dans des vases de terre, le font sécher sur des feuilles de papier, sans le rouler, et il n'en est pas plus mauvais, dit *Kœmpfer*.

Quelques Chinois préparent de l'extrait de thé comme nous préparons nos extraits végétaux. Après avoir fait une première infusion qu'ils jettent, ils font bouillir fortement les feuilles du thé dans une grande quantité d'eau; ils font clarifier cette décoction, ils évaporent à une douce chaleur et obtiennent un extrait noir comme du charbon. Cet extrait soluble dans l'eau n'a qu'une saveur légérement astringente; ils l'aromatisent et lui donnent un goût assez agréable (1).

Les Chinois ne prennent le thé en feuilles que lorsqu'il a un an de préparation. Avant cette époque ils le trouvent à la vérité plus savoureux; mais cette boisson les enivre et agit puissamment sur les nerfs.

---

(1) On envoie aussi en Europe du thé en boules formées de feuilles agglomérées par une matière glutineuse. (*Journal de Physique*, Nivose an XIII, p. 47.)

USAGES DU THÉ.

Il y a trois manières de prendre le thé : la plus universelle est l'infusion. Les Chinois, qui ont donné cette méthode aux Européens, versent de l'eau bouillante sur quelques feuilles de thé, et lorsque cette eau est épuisée, ils en ajoutent tant que la plante conserve assez de substance soluble pour la colorer. En Hollande, en Angleterre, en France, on n'a pas d'autre manière de le servir.

Les Japonais, sur-tout les grands de l'Etat, font moudre le thé verd entre deux petites meules de porphire verd, le réduisent en poudre très-fine, et délayent une cuillerée de cette poudre dans une tasse d'eau bouillante. Les gens du peuple renferment une certaine quantité de thé en feuilles dans un sachet de toile, le mettent dans une chaudière et le font bouillir à grande eau; dans la journée toutes les personnes de la famille viennent puiser dans la chaudière avec une grande cuillère, et boivent autant de thé qu'elles en veulent.

Le thé pris de ces trois manières doit avoir des effets différens, et l'analyse chimique peut jusqu'à un certain point rendre raison de ces effets. Plusieurs traités de matière médicale mettent le thé au nombre des substances utiles en médecine. Nous serons tout-à-l'heure à même d'apprécier ses propriétés comme médicament; nous observerons seulement ici qu'on préparait autrefois (1) avec le thé une boisson fébrifuge très-agréable.

Quoique le thé soit cher à Paris, on l'emploie cependant dans quelques arts. On s'en sert pour nettoyer les dentelles noires que le tems a fait passer au rouge. On peut également s'en servir pour donner de l'intensité à la couleur de toutes les étoffes noires altérées par l'action de l'air. *Kœmpfer* nous apprend que les

(1) *Pomet*, Hist. des Drogues, tom. I.

Chinois vendent aux facteurs et commerçans de l'Asie le thé trop vieux pour l'usage alimentaire, et que ceux-ci le vendent aux teinturiers de Surate, qui l'emploient pour colorer les soies en couleur jaune ou brune.

Les Italiens font avec le thé et le musc une liqueur excellente qu'ils appellent *aqua turca*. On la prépare en faisant distiller deux pintes d'alcohol (esprit de vin) réduit à 21 degrés sur quatre onces de thé, et un demi grain de musc. On ajoute 8 onces de sucre pour chaque pinte de liqueur distillée.

PROPRIÉTÉS PHYSIQUES DU THÉ.

Le thé avant sa dessication est d'un beau vert plus ou moins foncé, suivant l'âge des feuilles : sa saveur est amère et stiptique. Les thés préparés que nous offre le commerce sont de diverses grosseurs, d'une odeur, d'une couleur et d'une saveur différentes, parce qu'ils sont plus ou moins jaunes, plus ou moins torréfiés, que les uns ont été passés dans l'eau bouillante, et les autres seulement séchés.

En général le thé impérial est d'un vert foncé.

Le thé vert, d'un vert puce.

Le thé Heysven, d'un vert bleuâtre.

Le thé-bout, d'un vert jaunâtre.

Le thé pecko, presque noir.

Le thé perlé, vert grisâtre.

Le thé saot-chaou, roux.

Ces nuances ne sont pas assez tranchées pour qu'on puisse s'en servir comme d'un caractère propre à distinguer les variétés de thé ; d'ailleurs il y a dans le commerce beaucoup de thés mêlés.

Si la couleur n'est pas constante, l'odeur est également incertaine. Quelle qu'elle soit, *elle n'appartient pas à la plante*, elle lui est communiquée par d'autres plantes aromatiques.

La fleur du *thea* a une odeur extrêmement faible, et ses feuilles sont inodores ; mais en supposant qu'elles eussent un parfum, cet arome disparaîtrait par la torréfaction. Les Chinois ont donc l'usage d'aromatiser le thé avec le *chloranthus*, que le docteur *Lind* a rapporté de la Chine en 1781, les fleurs de l'olivier odorant, (*olea fragrans*), le *comelina sesaaqua*, le *jasmin d'Arabie*, et le *curcuma*. Les marchands ajoutent encore à ces substances étrangères des coliers d'iris de Florence, qu'ils placent dans le fond des caisses.

Voilà déjà le thé déchu d'une de ses plus grandes prérogatives, puisqu'il est démontré que son odeur ne lui appartient pas, et que toute autre plante inodore, traitée de la même manière, et mêlée avec le chloranthus, l'iris, l'olivier odorant, etc. fournirait une boisson aussi suave.

PROPRIÉTÉS CHIMIQUES DU THE.

L'EAU versée sur le thé se charge des principes solubles de ce végétal, en raison de la température qu'on emploie; ainsi l'eau froide en dissout moins que l'eau tiéde, et celle-ci moins que l'eau bouillante. Comme l'infusion de thé à 70 ou 80 degrés est la plus usitée, c'est elle que nous allons examiner d'abord.

Elle ne rougit pas la teinture de tournesol.

Les acides minéraux avivent sa couleur et la détruisent ensuite s'ils sont concentrés.

Les alkalis la brunissent.

Elle précipite en noir la dissolution de sulfate de fer.

Elle coagule la dissolution de colle.

La décoction de thé a les mêmes propriétés, et y joint celles de laisser précipiter du mucilage par l'addition de l'alcohol.

Lorsque la décoction est très-concentrée elle dépose son principe extractif sur la laine, et forme, à l'aide d'un mordant, une couleur nankin assez solide.

Le thé mis en digestion avec de l'alcohol fournit une teinture qui a, comme l'infusion aqueuse, la propriété de faire de l'encre avec du sulfate de fer, et qui de plus contient une grande quantité de résine mêlée d'extractif. Une demi-once de thé m'a fourni un gros et demi d'extrait résineux. La teinture alcoholique de thé peut colorer en fauve la soie. Plusieurs expériences analogues aux précédentes m'ont prouvé que le thé contenait :

1°. De l'extractif ;
2°. Du mucilage ;
3°. Beaucoup de résine ;
4°. De l'acide gallique ;
5°. Du tannin.

Ces deux derniers principes expliquent la propriété fébrifuge que quelques médecins ont reconnue dans le thé, puisqu'on les trouve également dans plusieurs quinquina.

Je ne croyais point utile d'examiner les principes fixes du thé ; mais l'expérience suivante m'a déterminé à analyser les cendres de cette plante épuisée par l'eau. Après avoir fait sécher des feuilles de thé qui avaient servi à une infusion, j'en pris quelques-unes et je les fis brûler à la flamme d'une bougie ; j'ai vu avec étonnement que le bord de la flamme, en se communiquant à la feuille, prenait une teinte verte ; je soupçonnai sur le champ la présence du cuivre ; je pensai qu'il se formait du gallate de ce métal sur les platines qu'on emploie pour sécher les feuilles.

Comme la preuve d'un pareil fait devenait très-importante, j'examinai le thé sous ce rapport ; mais il me fut impossible de découvrir par les réactifs les plus sensibles aucune trace de cuivre, soit dans les feuilles entières, soit dans le thé incinéré; je n'y trouvai que du charbon, du fer, du muriate d'alumine et point de potasse. Je n'assurerai pas cependant qu'il n'y ait point de cuivre; mais s'il y est, c'est en si petite proportion que sa présence ne peut être nuisible.

Comme le sol, le climat, l'âge des plantes, font varier les produits de la végétation, il me parut curieux d'examiner comparativement les dix variétés de thé que nous fournit le commerce, afin de déterminer les proportions relatives des principes que chacune contient. Je n'entrerai pas dans le détail minutieux des expériences que j'ai faites à cet égard, on prendra une idée des résultats par le tableau suivant, dont nous tirerons ensuite quelques conséquences.

Acide gallique.		*Tannin.*	*Résine.*	*Mucilage.*	*Extractif.*
Heysven supér,	1.	1.	1.	. . . .	1.
Perlé, ...	2.	2.	3.	. . . .	3.
Pouchoug, . .	3.	. . . .	8.	2.	8.
Saot-chaou, .	4.	4.	4.	. . . .	4.
Impérial, . . .	5.	3.	2.	. . . .	2.
Heysven-Sekin,	6.	. . . .	5.	3.	5.
Vert, ...	7.	. . . .	6.	4.	6.
Toukai, . . .	8.	. . . .	7.	5.	7.
Pecko, ...	9.	. . . .	9.	1.	9.
Bout, ...	10.	. . (*)	10.	. . (**)	10.

Nota. Le N° 1 indique le thé qui contient le plus de substances, 2 ensuite, 3 moins, 4 encore moins, etc.

(*) Ceux restés en blanc n'en ont point fourni.

(**) Ceux restés en blanc en contiennent à peu près autant que le *Toukai*.

Il paraît d'après ce tableau que le thé contient d'autant plus de principes astringent et résineux, qu'il est préparé avec plus de soins, et comme cette préparation consiste dans une torréfaction ménagée, je pense que c'est elle qui développe le tannin dans les espèces les plus précieuses, tandis que ce principe n'est pas sensible dans les autres. Je remarque aussi que le thé-bout et le thé pecko, qui ne sont récoltés qu'en Mai, et qui probablement ont subi une infusion avant d'être séchés et roulés, contiennent très-peu de principes astringens. Ce dernier est si abondant en mucilage, que sa décoction est filante et ressemble par sa consistance à celle de la graine de lin.

Il est facile avec cette échelle de comparaison de choisir le thé qui est propre aux indications que l'on veut remplir. Si l'on désire une boisson styptique et astringente, il faut choisir le thé Heysven supérieur ou le thé perlé. Si l'on veut un thé légérement tonique, sans astriction, on prendra le thé vert ou le toukai. Si l'on souhaite enfin une liqueur émolliente et détersive, on préférera le thé-bout ou le thé pecko. Mais avant d'en choisir aucun, voyons ce que les médecins pensent de l'effet du thé sur l'économie animale.

CONSIDÉRATIONS HYGIÉNIQUES.

Nous avons déjà remarqué, sur le témoignage de *Kœmpfer*, que les feuilles de thé sont, au moment où elles viennent d'être cueillies, d'une amertume très-désagréable, et ont une telle action sur le système nerveux qu'elles troublent le cerveau et occasionnent le délire. La préparation que l'on fait subir au thé, et le tems pendant lequel on le garde avant de le livrer au commerce, peuvent atténuer ces propriétés délétères ; mais les font-elles disparaître entiérement? c'est ce qu'il faut examiner.

Si l'on en croit les partisans du thé infusé, cette boisson lève les obstructions, purifie le sang, prévient la goutte, la pierre, et facilite la digestion ; elle est céphalique, cardiaque et pectorale. Les médecins sont trop éclairés maintenant pour admettre de pareilles vertus spécifiques.

Cartheuser et *Geoffroy*, qui les rapportent d'après l'opinion des médecins de leur tems, sont de trop bonne foi pour ajouter leur autorité à celle de leurs prédécesseurs. Si le thé a souvent produit de bons effets, disent-ils, il faut attribuer cet avantage moins à la plante qu'au véhicule; c'est l'eau chaude sucrée qui doit avoir l'honneur des cures, en supposant que le thé en ait vraiment produit.

Quand on consulte les autres ouvrages de médecine qui traitent du thé, on voit que la plupart des médecins n'osent point en prescrire l'usage. *Daniel Crugerus* (1) cite plusieurs personnes qui pour en avoir pris habituellement, ont été attaquées d'une paresse d'entrailles et d'un froid intérieur dans le bas-ventre. *Hermand Grimm* dit que les buveurs de thé tombent dans le diabète ou le marasme. *Geoffroy* rapporte que le thé, pris abondamment, a donné des insomnies, des vertiges et des mouvemens convulsifs dans tous les membres.

---

(1) *Miscellan.* Cur. dec. II, ann. IV, observ. 74.

Simon Pauli le regarde comme très-nuisible aux asthmatiques, aux pituiteux, aux poitrines délicates, à ceux qui ont les nerfs sensibles. *Cullen* attribue les bons effets du thé à l'eau chaude; mais il rejette le thé pris isolément, comme ayant trop d'action sur le systême nerveux, et produisant des spasmes et des tremblemens. Enfin *Buchan* dit positivement que les gens de lettres doivent s'interdire le thé, parce qu'il est la source la plus abondante des maladies nerveuses.

D'après l'opinion et le témoignage de ces hommes éclairés, on peut croire que si le thé rend quelques services par ses propriétés astringentes dans les dyssenteries, dans quelques fièvres; s'il est utile aux peuples qui, comme les Arabes, les Tartares ou les Anglais, mangent beaucoup de viandes mal cuites, il peut être très-funeste comme boisson habituelle aux personnes sédentaires et délicates. Il serait à désirer qu'on ne l'employât dans nos climats que comme médicament. En effet, qu'est-il autre chose? Ses principes immédiats sont ceux du quinquina, de l'angustura, de la gentiane, de la plupart des fébrifuges; son parfum est emprunté, son goût est légérement acerbe, et si les Chinois et les Japonais en font un si grand usage, il faut croire qu'ils n'ont pas trouvé mieux dans leur pays, puisque les Hollandais leur ayant porté de la petite sauge séchée avec soin, cette plante leur parut si préférable, qu'ils donnèrent jusqu'à trois caisses de thé pour une de sauge (1).

A l'époque où la ridicule anglomanie s'était emparée de toutes les têtes françaises, on mit le thé à la mode, non par goût, mais par manie, et l'on vit toutes nos petites maîtresses accablées de vapeurs (2).

---

(1) *Pomet*, Hist. des Drogues, tom. I. *Morellot*, dans son Cours de matière médicale.

(2) Le célèbre *Pinel* remarque que les vapeurs n'ont commencé à être connues qu'au commencement de ce siècle; il attribue ces maladies au luxe, au défaut d'exercice, aux boissons excitantes........ Je ne m'écarte pas beaucoup de son idée en mettant le thé au nombre des causes certaines.

La révolution est venue changer nos habitudes, le thé n'a plus la même vogue, et les vapeurs des jolies femmes sont maintenant plus simulées que réelles.

Au lieu d'envoyer dans l'Inde nos richesses pour acheter une feuille qui offre si peu d'avantages et tant d'inconvéniens, que ne récoltons-nous sur nos montagnes, dans nos prairies les végétaux parfumés, qui fournissent des infusions tout à la fois agréables et salutaires. Adoptons les *falltrancks* des Suisses, la *sanicle*, la *bugle*, la *véronique*, la *pyrole*, le *gnaphale*, l'*armoise*, la *bétoine*, la *centaurée*, les *menthes*, les *sauges*, *etc.* Si nous voulons absolument des plantes exotiques, achetons aux Espagnols la *capraire biflore* et l'*anserine* du Mexique, ou l'*erytroxille* du Pérou; aux Américains, la *cassine* des Apalaches, le *ceanothe*, la *monarde* d'Oswego, le *psoralier* des Jésuites; enlevons à la nouvelle Hollande le *leptorsperme* et la *salsepareille glyciphille;* mais sur-tout cultivons avec soin à l'île de France la précieuse *aya-pana*, dont l'infusion vaut tous les thés du monde et par son doux parfum et par ses rares propriétés.

Il est donc démontré que le thé est plus nuisible qu'utile, et qu'il est très-facile de le remplacer ; mais était-il besoin de prouver au Français que l'intérêt de sa santé, et même celui de ses plaisirs, demande l'abandon d'un usage aussi ridicule? Il n'est personne qui n'en fasse le sacrifice avec joie en pensant aux sommes énormes que le thé coûte à son pays, aux dépenses accessoires qu'il entraîne, sans que rien puisse balancer la perte volontaire de tant de richesses.